NOTES ARCHÉOLOGIQUES

POUR SERVIR A

L'HISTOIRE DE L'ARCHITECTURE

EN ESPAGNE

UNE JUNTE CONSULTATIVE D'ARCHITECTES

TENUE à GIRONE *(CATALOGNE)*

EN JANVIER 1416

PAR

CHARLES LUCAS, *Architecte*

MEMBRE DE LA SOCIÉTÉ CENTRALE DES ARCHITECTES DE FRANCE,
CHEVALIER DE L'ORDRE DE CHARLES III D'ESPAGNE ET DU CHRIST DE PORTUGAL,
MEMBRE CORRESPONDANT DES ACADÉMIES DES BEAUX-ARTS DE MADRID ET DE LISBONNE,
DE LA SOCIÉTÉ POUR LA PROPAGATION DE L'ARCHITECTURE DANS LES PAYS-BAS,
DIRECTEUR DE LA BIOGRAPHIE UNIVERSELLE DES ARCHITECTES CÉLÈBRES, ETC.

(Deuxième tirage, revu et corrigé.)

PARIS

ERNEST THORIN, ÉDITEUR

7, rue de Médicis, 7

1871

NOTES ARCHÉOLOGIQUES

POUR SERVIR A

L'HISTOIRE DE L'ARCHITECTURE

EN ESPAGNE

433, Brux., E. Guyot, impr.   France, E. Clément, rue Montmartre, 131, Paris.

NOTES ARCHÉOLOGIQUES

POUR SERVIR A

L'HISTOIRE DE L'ARCHITECTURE

EN ESPAGNE

D'UNE JUNTE CONSULTATIVE D'ARCHITECTES

TENUE à GIRONE *(CATALOGNE)*

EN JANVIER 1416

PAR

Charles LUCAS, *Architecte*

MEMBRE DE LA SOCIÉTÉ CENTRALE DES ARCHITECTES DE FRANCE,
CHEVALIER DE L'ORDRE DE CHARLES III D'ESPAGNE ET DU CHRIST DE PORTUGAL,
MEMBRE CORRESPONDANT DES ACADÉMIES DES BEAUX-ARTS DE MADRID ET DE LISBONNE,
DE LA SOCIÉTÉ POUR LA PROPAGATION DE L'ARCHITECTURE DANS LES PAYS-BAS,
DIRECTEUR DE LA BIOGRAPHIE UNIVERSELLE DES ARCHITECTES CÉLÈBRES, ETC.

(Deuxième tirage, revu et corrigé.)

PARIS
ERNEST THORIN, ÉDITEUR
7, rue de Médicis, 7

1871

Tiré à 200 exemplaires

Plus   25   »   numérotés sur papier de fil

Et   5   »   »   sur vélin.

Total 230

N°

Offert à M la Bibliothèque Nationale
par l'auteur
Ch. Lucas

A

M. Victor BALTARD, Architecte,

MEMBRE DE L'INSTITUT,

PRÉSIDENT DE LA SOCIÉTÉ CENTRALE DES ARCHITECTES,

OFFICIER DE LA LÉGION D'HONNEUR, ETC., ETC.

Monsieur et très-honoré Confrère,

Permettez-moi de vous rappeler que, lors de l'Exposition Universelle de 1867, vous avez bien voulu m'autoriser à réunir sous la haute direction de S. E. M. le Marquis de Bedmar, Président de la Commission Royale d'Espagne à Paris, les éléments nécessaires à un ouvrage intitulé : Histoire de la Civilisation en Espagne; *qu'il y a peu de temps encore, au sujet des notes que j'ai publiées sur* L'Architecture en Portugal, *vous m'avez engagé à poursuivre mes études sur le développement général de notre art : Veuillez donc, Monsieur et très-honoré Confrère, me laisser inscrire votre nom en tête de cette page détachée qu'il m'a semblé intéressant de traduire et d'éditer au double point de vue de l'Archéologie et de l'Architecture.*

Veuillez agréer, Monsieur et très-honoré Confrère, les sentiments de respectueuse reconnaissance de votre tout dévoué

Charles LUCAS, Architecte.

Paris, août 1871.

AU LECTEUR

Un ouvrage devenu aujourd'hui presque introuvable, car nous l'avons vainement demandé aux Bibliothèques publiques de France et d'Espagne, mais que notre excellent Confrère et très-honoré Collègue, D. Eugenio de la Camara (1) nous a adressé de l'Académie des Beaux-Arts de Madrid, sous les auspices de laquelle cet ouvrage a été publié en 1829 (2) : les *Noticias de los Arquitectos y Arquitectura de España* (3), renferme une foule de documents curieux, non-seulement sur l'histoire de l'Architecture et des Architectes en Espagne, mais encore sur l'histoire de l'art et des artistes en général.

C'est un de ces documents publié, partie en castillan, partie en latin, que nous avons essayé de traduire et de faire connaître; heureux d'avoir trouvé par delà les Pyrénées une date et quelques noms réunis dans une circonstance aussi flatteuse pour notre profession que la *Junte consultative d'Architectes* tenue à Girone (Catalogne) en janvier 1416.

(1) Don Eugenio de la Camara, architecte et secrétaire général de *l'Académie des Beaux-Arts de Madrid*.

(2) Cet ouvrage, dédié à S. M. le Roi Ferdinand VII et imprimé par son ordre à l'imprimerie royale de Madrid, a fait autrefois partie des livres appartenant à *la Real Academia de las tres nobles artes de San Fernando*, fondée en 1752 par S. M. le Roi Ferdinand VI et réorganisée en 1846, 1854 et 1864; mais que l'on appelle communément en France *l'Académie des Beaux-Arts de Madrid*.

(3) Por El Excmo. señor D. Eugenio Llaguno y Amirola, *ilustradas y acrecentadas con notas, adiciones y documentos* por D. Juan Augustin Cean-Bermudez, censor de la *Real Academia de la Historia*, consiliario de la de S. Fernando, é individuo de otras de las Bellas Artes. — Madrid, 4 vol. in-8°

1.

Nota. — Cette étude, lue à la *Société libre des Beaux-Arts de Paris* et insérée dans ses *Annales* (Revue artistique et littéraire, t. xix), a été adressée à l'*Académie des Beaux-Arts de Madrid* en très-respectueux remercîment de notre nomination de Membre correspondant, et nous sommes heureux d'exprimer ici toute notre sincère gratitude à notre très-honoré confrère, D. Eugenio de la Camara, qui a bien voulu revoir le premier tirage de ce travail et nous communiquer de très-précieuses corrections, qui ont motivé ce second tirage.

I

CE QU'IL ADVINT EN L'AN 1416 DE NOTRE-SEIGNEUR, ET DANS L'AN-
NÉE SUIVANTE, EN LA CITÉ DE GIRONE, AU SUJET DE LA CONSTRUCTION
DE LA CATHÉDRALE DE CETTE VILLE, ET DESCRIPTION DE CETTE
CATHÉDRALE (1).

L'an 1416, pendant que GUILLERMO BOFFIY, *directeur des travaux* (2) de la cathédrale de Girone, s'acquittait de la construction
de cette Église, une grande controverse s'éleva dans le chapitre et
dans la cité sur le plan à donner à l'édifice et sur la façon dont il
fallait en poursuivre l'exécution. Les uns désiraient que cette église
fût *d'une seule nef*, suivant le tracé selon lequel on avait commencé
les travaux ; mais d'autres demandaient qu'elle eût *trois nefs*,
comme la plupart des nouvelles cathédrales d'Espagne, ajoutant
que, d'une seule nef et haute comme elle était, elle serait exposée,
par l'écartement des murs et par leur élévation, aux dangers des
tremblements de terre et aux dégâts qu'entraînent les tempêtes et
les grands vents.

Le révérend évêque DON DALMACIUS et le chapitre, désireux
d'utiliser et de calmer ces discussions, décidèrent d'appeler à

(1) Tout ce chapitre est traduit et annoté d'après D.-J.-A. CEAN-BERMUDEZ, *Noticias de
los arquitectos*, t. I, p. 92 à 94. Nous nous sommes même efforcés de conserver à l'original
certaines tournures castillanes.

(2) GUILLERMO BOFFIY est donné dans le texte comme *Maestro Mayor* (sous-entendu *de
las obras*), ce qui signifie grand maître des œuvres, architecte.

Girone les architectes les plus célèbres et les plus renommés de Catalogne et même des maîtres étrangers au royaume (3), afin que ceux-ci, après avoir vu et examiné les parties déjà construites, disent, sous la foi du serment et en prenant conseil de leur savoir et de leur expérience, ce qui leur semblerait offrir le plus de sécurité et de conformité aux règles de l'art, et quelle serait de ces deux dispositions, *à une seule nef ou à trois nefs*, la plus propre et la plus convenable à réaliser la magnificence que devait avoir la cathédrale de Girone.

Les choses se passèrent donc ainsi et, le vingt-trois janvier de l'an quatorze cent seize, se présentèrent devant le notaire (4) Bernardo de Solerio et les chanoines députés par la direction de la fabrique: Pascasio de Julbe, *directeur des travaux* (5) de la Sainte Église de Tortose (6), et son fils Juan de Julbe, qui dirigeait, au nom de son père, les travaux de ladite cathédrale; Pedro de Vallfagona, *maître des travaux* (7) de l'Église Métropolitaine de Tarragone (8), et

(3) Girone appartenait autrefois au royaume d'Aragon ; c'est aujourd'hui la capitale de la nouvelle province de Girone.

(4) *Notario*, en castillan et surtout au moyen âge, doit s'entendre dans le sens qu'avait ce mot dans presque toute l'Europe latine : il indique un officier civil ou ecclésiastique investi de pouvoirs analogues mais supérieurs à ceux conférés aujourd'hui aux greffiers.

(5) Pascasio de Julbe est, lui aussi, traité de *Maestro Mayor*.

(6) Tortose est une ville forte de la nouvelle province de Tarragone ; mais sa cathédrale, en tant qu'architecture, n'offre rien de remarquable. Elle fut fondée, en 1158, par l'évêque Gaufred et terminée en 1178, année où l'archevêque de Tarragone Berenguer la consacra en présence du roi Don Alphonse II d'Aragon et de Doña Sancha, son épouse, qui avaient contribué à enrichir cette église.

(7) Pedro de Vallfagona porte seulement le titre de *Maestro (de las obras)*.

(8) Nous croyons savoir que la cathédrale actuelle de Tarragone fut commencée vers l'an 1132, par l'évêque Aldegarius ou Oldegarius, « qui imprima à cet édifice un grand caractère de sobriété dans l'ornementation et aussi de lourdeur dans les proportions. La division en trois nefs de cet édifice, qui a environ *cent mètres* de longueur, paraît bien remonter à Aldegarius; cependant il est difficile de croire qu'aucune partie encore existante aujourd'hui ait été achevée par ce prélat. » — D'après Wiebeking, extrait de la *Biog. Univ. des Arch. célèbres*, de A. Du Bois et Ch. Lucas, t. I, p. 132. Paris, in 8º.

Guillermo de la Mota, son *associé* (9) dans les travaux de cette dernière cathédrale; Bartolomé de Gual, *maître des travaux* (10) de la
Sainte Église de Barcelone (11); Antonio Canet, sculpteur de Barcelone et *maître architecte* (12) de la cathédrale d'Urgel (13); Guillermo Abiell, *maître des travaux* (14) des églises de *nuestra Señora
del Pino* (15), de *Santa-Maria de Monte-Carmelo* (16), de *Monte-
Sion* (17), de *Santiago* (18) et de l'hôpital de *Santa-Cruz* (19) de
Barcelone; Arnaldo de Valleras, *maître des travaux* (20) de l'Église
de Minorque (21); Antonio Antigoni, *directeur des travaux* (22)
de la fabrique de l'Église de *Castellon de Empurias* (23); Guil-

(9) Guillermo de la Mota est donné comme *compañero en las obras de la misma catedral* (de Tarragone) à Pedro de Vallfagona.

(10) Bartolomé de Gual porte, lui aussi, le seul titre de *Maestro*.

(11) Nous n'avons pu trouver de quel édifice de Barcelone Bartolomé de Gual dirigeait
les travaux; mais sa déposition lui donnant le titre de *Magister operis sedis Barchinonensis*, nous n'hésitons pas à croire qu'il était attaché aux travaux mêmes de la cathédrale
de Barcelone, réédifiée à la fin du troisième siècle par les rois d'Aragon, sous le vocable
de *Sainte-Eulalie*.

(12) Antonio Canet, dont le nom semble plus français qu'espagnol, paraît, d'après le
texte de Bermudez et aussi d'après l'en-tête de sa déposition, avoir été un sculpteur de
Barcelone (*sculptor imaginum*), habile en architecture, et maître des travaux de la cathédrale d'Urgel.

(13) La cathédrale d'Urgel (une des villes les plus septentrionales de la Catalogne)
remonte, ainsi que son cloître, au treizième siècle et est d'architecture ogivale.

(14) Guillermo Abiell n'a, lui aussi, que le titre de *Maestro*.

(15) L'*Église Nuestra Señora del Pino* ou *Santa Maria de los Reyes* fut, suivant Bermudez,
commencée en 1380 et terminée en 1414 (deux ans avant la réunion de la commission
d'architectes qui nous occupe). Elle consiste en une seule nef large, un riche portail et une
tour élevée.

(16, 17, 18 et 19) Ces quatre édifices n'ont été l'objet d'aucune description de la part
des auteurs que nous avons pu consulter.

(20) Arnaldo de Valleras n'a, lui aussi, que le titre de *Maestro*.

(21) Il est probable qu'il s'agit ici de la *cathédrale de Ciudadela* (ancienne capitale de
l'île). Cette cathédrale, d'une seule nef ogivale, existait déjà en 1360, ainsi que le constate
une inscription placée au-dessus de son portail méridional.

(22) Antonio Antigoni est donné comme *Maestro Mayor*.

(23) La petite province actuelle de Castillon, prise dans l'ancien royaume de Valence,
est sur les confins de la Catalogne.

LERMO SAGRERA, *maître des travaux* (24) de l'Église de *San-Juan de Perginan* (25), et JOAN DE GUINGAMPS, *architecte* (26) et *bourgeois* (27) de la cité de Narbonne (28); lesquels, après avoir prêté serment suivant la forme accoutumée, exposèrent l'un après l'autre ce qui est transcrit dans les documents portant le numéro XXVIII (29).

Tous leurs avis furent présentés par le susdit notaire Bernardo de Solerio, en la séance du chapitre qui se tint le lundi, vingt-huitième jour de septembre de ladite année, en présence du seigneur évêque et des chanoines désignés plus haut, lesquels, après avoir pris connaissance du contenu de chaque déposition, décidèrent d'ajourner la détermination qu'il convenait de prendre en une

(24) GUILLERMO SAGRERA est traité simplement de *Maestro*; mais BERMUDEZ nous donne, t. I, p. 276 et suivantes, la teneur d'un long contrat passé à Palma de Majorque le 11 mars 1426 et par lequel l'*architecto* Guillermo Sagrera s'oblige à construire ou peut-être à poursuivre la construction de la *Lonja* ou Bourse de cette cité, suivant les plans par lui présentés et aux conditions exprimées dans ce contrat. En outre, le même auteur publie, t. I, p. 280, une cédule royale de commission expédiée de Naples en 1445 par D. Alphonse V d'Aragon au sujet du procès pendant entre le collège des marchands de Majorque et Guillermo Sagrera à propos de l'accomplissement du premier contrat, et, dans ce dernier document, Guillermo Sagrera est traité de *Protomagister Castri Novi*. (Il s'agit ici de la construction du Château-neuf de Naples, où l'on conserve, dit-on, une statue ou un tableau représentant les traits de G. Sagrera).

Voir, pour *la Bourse de Palma*, la note *a*, à la fin de la première partie, p. 16.

(25) Il est bon de noter que *Perpignan* et *Narbonne* (citée plus loin, note 28), sont plus rapprochées de Girone ou tout au moins n'en sont pas plus éloignées que la plupart des villes d'où furent appelés des architectes; en outre, ces trois villes de *Girone*, *Perpignan* et *Narbonne* sont situées à proximité de la mer Méditerranée qui, de temps immémorial, a été une voie de communications très-fréquentes entre le littoral du sud de la France et celui du nord de l'Espagne.

(26) Encore un Français, JOAN DE GUINGAMPS, à ajouter à la grande liste des artistes français appelés à l'étranger.

(27 et 28) JOAN DE GUINGAMPS est traité de *arquitecto* et *vecino* de Narbonne (ce dernier mot, à défaut du titre de *bourgeoisie*, entraîne au moins la résidence habituelle).

(29) Voir pages 18 et suivantes, notre deuxième partie consacrée à la traduction avec notes des Documents cités par BERMUDEZ.

circonstance aussi importante. Et le lundi, huitième jour de mars de l'année quatorze cent dix-sept (3o), fut appelé en présence des chanoines chargés de poursuivre cette affaire, le susnommé Guillermo Boffiy, directeur des travaux de la Sainte Église de Girone, et, questionné dans les mêmes termes que l'avaient été, l'année précédente, les architectes mentionnés ci-dessus, après avoir prêté serment dans les mains du notaire Solerio, il dit ce qui est rapporté à son propre paragraphe aux documents cités plus haut (31).

Ayant pris ces mesures qui peuvent servir à montrer celles que doivent prendre tous les chapitres ecclésiastiques ou séculiers d'Espagne, quand il s'agit pour eux de traiter de constructions importantes, afin d'éviter les embarras qui se produisent surtout dans les provinces (32), le chapitre de Girone, présidé par l'évêque Don Dalmacius, se réunit le lundi, quinzième jour desdits mois et année (mars quatorze-cent dix-sept), et, après avoir examiné avec la plus grande attention et toute maturité d'esprit les avis des maîtres nommés plus haut, se décida à l'unanimité à poursuivre la construction de ladite Église suivant son plan primitif, c'est-à-dire *avec une seule nef*, se basant sur cet avis de tous les architectes que, entre autres raisons de convenance relatées dans les documents mentionnés plus loin (33), la solidité de l'Église était certaine.

C'est sur ce plan que se continua et s'acheva la cathédrale de Girone qui, quoiqu'elle n'ait qu'une seule nef, est cependant des

(30) Comme on peut le constater en rapprochant cette date de celle du 23 janvier 1416, près de quatorze mois s'étaient écoulés depuis la première réunion de la commission.

(31) Voir à la deuxième partie, § 18.

(32) Il ne faut pas oublier que l'auteur espagnol BERMUDEZ ne fait que répéter ici ce qu'écrivait, à la fin du dernier siècle, LLAGUNO, dont il n'est que le continuateur; au reste, de telles précautions ne sauraient être blâmées, même dans des pays plus avancés en civilisation et même en centralisation administrative que l'Espagne.

(33) Voir pages 18 et suivantes, notre deuxième partie.

plus magnifiques de Catalogne. Elle a *trois cent dix palmes* (34) de longueur jusqu'au milieu du chœur (35), et *cent seize palmes* (36) de largeur. La façade, qui a cette dernière dimension, n'ayant pas été érigée à cette époque dans le style ogival (37), comme le fut l'Église, on la construisit depuis dans le style gréco-romain et ornée des trois ordres dorique, corinthien, composite. Sur ses flancs et dans son alignement, sont deux corps de bâtiments hexagones : l'un resté dans son état primitif, et l'autre surélevé sur le même plan à une grande hauteur et servant de tour pour les cloches. Mais ce qui donne un grand air de majesté à cette Église, c'est l'escalier monumental, de même largeur que la façade et qu'il faut monter pour y arriver; car il compte quatre-vingt-six marches et trois paliers spacieux avec balustrades de pierre refouillée, et c'est ainsi que la cathédrale de Girone se distingue des autres églises ogivales (38) d'Espagne.

Dans le style de la façade (style qu'il est regrettable de voir appliqué à l'intérieur), ont été terminés le cloître et la salle du chapitre. Cette dernière comprend trois pièces décorées avec une

(34) Le *palmo* (palme) vaut à peu près 20ᶜ, soit *soixante-deux mètres* pour trois cent dix palmes.

(35) Il faut entendre ici jusqu'au maître-autel qui, dans l'Église de Girone, est près du chevet, ne laissant guère derrière lui que la circulation facile du prélat qui se place dans son siége épiscopal ou *cathedra* et peut ainsi officier en regardant l'assistance.

(36) Cent seize palmes font un peu plus de *vingt-trois mètres*.

(37) Ce n'est qu'avec toutes réserves même et faute d'un terme plus convenable reconnu que nous disons le *style ogival*, paraissant appliquer ainsi le mot *ogive* aux arcs brisés, tandis que, nombre de fois déjà et l'an dernier encore, nous avons, dans un rapport sur les *Instructions du Comité des Monuments historiques*, rappelé l'origine du mot *ogive* et obtenu de la *Société libre des Beaux-Arts, comité central*, qu'elle s'associât à l'éminent M. Quicherat et à d'autres archéologues et architectes de grand savoir qui demandent, à propos de cette dénomination, la rectification d'une erreur qui date à peine du commencement de ce siècle.

(38) On compte cependant, en Espagne, un certain nombre d'anciennes cathédrales n'ayant qu'une seul nef et précédées (surtout dans les villes qui, comme Girone, ont été fortifiées et sont bâties sur un coteau) de magnifiques escaliers avec vastes paliers.

grande recherche. Quant au riche tabernacle de métal incrusté de pierres précieuses et composé de quatre colonnes reposant sur des bases de marbre de couleur, ainsi qu'au retable du maître-autel, ils ont été décrits par les PÈRES ROIG ET MARCILLO, et leur auteur est PEDRO BENES (39).

(39) BERMUDEZ dit de PEDRO BENES qu'il était à la fois *platero y arquitecto*, orfèvre et architecte.

NOTE A.

BOURSE DE PALMA.

La *Lonja* ou Bourse de Palma, « destinée jadis aux réunions des marchands et des nombreux navigateurs qui affluaient à Palma, témoigne de la splendeur passée du commerce majorquin, » dit George Sand (*Un hiver à Majorque*, in-12; Paris, 1842), et BERMUDEZ la décrit ainsi, t. I, p. 98 et suivantes :

« Cet édifice a la forme d'un carré long. Sa façade regarde l'orient et un de ses côtés, tourné au sud, est à proximité et en face de la muraille qui se dirige vers la mer. Il est aussi recommandable par sa noble simplicité que par la sage distribution de son ornementation.

» Les murs sont ornés de pilastres octogones dont les saillies divisent en trois parties les façades principales et en quatre, celles latérales. (Ces parties sont égales.) Les pilastres ont leurs angles couverts de jolies moulures rondes délicatement entaillées. Une corniche ou imposte de faible saillie, mais gracieusement profilée, court horizontalement sur tout l'édifice et en divise la hauteur en deux parties égales. Quatre tours octogonales pareilles, très-sveltes et couvertes dans toute leur hauteur d'une ornementation variée, sont appliquées sur les angles de l'édifice qu'elles surpassent en hauteur, et une belle et grandiose balustrade ou corniche de couronnement (car on ne sait quel nom lui donner) termine cette Bourse dont elle masque la toiture en berceau.

» Il est difficile de rendre toute la noblesse de cette corniche que précède une large frise dont la saillie sur le mur repose sur de gracieux modillons, et la balustrade qui la termine est toute refouillée de motifs sculptés et à jour dans des encadrements de belles proportions qui paraissent servir de fenêtres pour éclairer l'intérieur; car, au premier aspect, cette vaste salle semble devoir manquer de clarté. Toute cette partie, par son importance et surtout par sa forme étrange et capricieuse, est du plus gracieux effet et ajoute considérablement à la beauté de l'édifice.

» Mais la plus grande profusion d'ornementation est réservée pour les portes dont les chambranles descendent sur une retraite entourant tout l'édifice. Elles sont au nombre de trois sur les façades et de deux sur les côtés. Six de ces dix portes (deux sur chaque façade et les deux du côté méridional) servent de fenêtres et, par leurs triples arcs, répandent à profusion la lumière à l'intérieur.

» Les quatre tours, dont nous avons parlé plus haut, ainsi que la balustrade qui les réunit et la profusion des créneaux sculptés qui surmontent cette dernière, enfin les six statues placées aux angles et à la porte principale, donnent à cet édifice un cachet de richesse qui semble bien destiné à montrer l'opulence du collège des marchands de Majorque qui le fit construire, et permettent, sans crainte d'exagération, de le compter parmi les plus remarquables édifices civils du style dit *gothique allemand* conservés en Espagne.

» Son intérieur n'est pas moins magnifique. Il consiste en une seule salle divisée en quatre nefs dans un sens et trois nefs dans l'autre par six hautes sveltes colonnes, cannelées en spirale et répondant aux pilastres de la façade qu'elles semblent arc-bouter. Ces colonnes n'ont pas de chapiteaux ; mais leurs fûts semblent s'épanouir au milieu de riches fleurons desquels s'élancent, comme les palmes du tronc du palmier, un grand nombre d'arcs qui s'entre-croisent pour soutenir la voûte, vont d'une colonne à l'autre, ou des colonnes aux murs. Les colonnes ont pour base une décoration semblable à celle qui orne la naissance des arcs et qui ajoute encore à leur riche élégance.

» Ce magnifique édifice, témoin de la splendeur commerciale d'un autre âge, ouvre encore quelquefois ses portes l'hiver pour les bals masqués du carnaval et, bien illuminé, offre alors une des plus belles salles de danse qui se puissent concevoir. »

Bermudez, dans un troisième document daté de 1451, nous apprend que les derniers travaux de cet édifice, tels que la construction des meneaux des six fenêtres et la disposition des abords de la Bourse, furent exécutés par Guillermo Vilasolar, architecte de Majorque, et que celui-ci eut pour aide Miguel Sagrera, fils ou parent de l'illustre artiste Guillermo Sagrera.

II

JUNTE DE DOUZE ARCHITECTES, RÉUNIE A GIRONE, POUR DÉCIDER LE
MODE DE CONSTRUCTION DE LA CATHÉDRALE DE CETTE VILLE, ET
RECUEIL DES AVIS DE CHACUN D'EUX, FORMULÉS AINSI QUE NOUS
LES ONT CONSERVÉS LES ARCHIVES DE CETTE ÉGLISE (1).

I

*Au nom de la Sainte et indivise Trinité, du Père, du Fils et du
Saint-Esprit. Ainsi soit-il.*

*Que si les enfants du Seigneur donnent tous leurs soins à ériger
et à décorer les bâtiments et les maisons qu'ils destinent à des usages
profanes, combien plus ces mêmes fidèles et les zélés propagateurs de
la foi orthodoxe ne devraient-ils pas se hâter de réunir pieusement
tous leurs efforts pour accélérer la construction du temple du Seigneur? Est-ce que les patriarches de l'ancienne loi n'appliquèrent
pas magnifiquement les travaux d'orfévrerie au tabernacle qui devait*

(1) Ce document était partie en latin et partie en *limousin* dans le texte original, et, dans
ce dernier idiome, fort répandu à cette époque dans le Midi de la France et le Nord de
l'Espagne, se trouvaient consignés l'interrogatoire et les réponses des douze architectes.
BERMUDEZ a traduit en castillan les phrases primitivement écrites en limousin et, pour que
notre lecteur puisse apprécier la forme originale du document que nous plaçons sous ses
yeux, nous conserverons le caractère ordinaire d'impression pour la traduction des phrases
en castillan et nous emploierons l'*italique* pour la traduction de celles données en latin
dans le texte original.

recouvrir l'arche d'alliance du Seigneur ? (2) Or, aujourd'hui cette Arche de vérité et cette Manne si sainte sont renfermées par les Catholiques dans le temple du Seigneur. C'est pourquoi il peut et il doit être réputé digne et convenable au plus haut point que ce temple, qui est reconnu la maison de vérité et dans laquelle surtout est conservé le précieux gage donné par le Christ aux fidèles, soit construit avec le plus grand soin, et des matériaux les plus choisis. Car ce temple, que vous savez consacré par les rites sacrés au vrai pasteur, est celui dans lequel le peuple de Dieu et les brebis de sa Pâque mangent le pain de la vie, et c'est dans son enceinte que les saintes eaux vives de la pénitence réparent les torts et effacent les fautes, même les plus anciennes, du pécheur repentant. Hélas donc, quel sujet de tristesse de voir rester imparfait et inachevé le sacré temple du Seigneur, l'église de l'évêché si illustre de Girone ! C'est pourquoi il est exposé à tous, par le révérend père en Jésus-Christ, monseigneur Dalmacius, par la grâce de Dieu évêque élu de Girone, et par l'honorable chapitre de cette église que, en examinant tout ce qui s'est passé et en considérant depuis combien de temps la construction de ladite église est interrompue, cette fâcheuse interruption des travaux

(2) Consulter à ce sujet les ch. XXXVI et suivants de l'*Exode* et surtout les versets 34 et 36 du ch. XXXVI dans lequel il est dit : « 34. Ils couvrirent de *lames d'or* tous ces ais (ceux du tabernacle) soutenus par des *bases d'argent* qui avaient été jetées en fonte. Ils y mirent, de plus, des *anneaux d'or*, pour y faire entrer les barres de bois, qu'ils couvrirent aussi de *lames d'or*. — 36. Ils firent quatre colonnes de bois de Sétim, qu'ils couvrirent de *lames d'or* avec leurs chapiteaux ; et leurs bases étaient *d'argent*. » et les versets 1 à 5 du ch. XXXVII dans lesquels il est dit : « 1. Bséléel fit aussi l'arche de bois de Sétim : elle avait deux coudées et demie de long, une coudée et demie de large et une coudée et demie de haut ; il la couvrit d'un *or très-pur* dedans et dehors ; — 2. Et il fit une *couronne d'or* qui régnait tout autour ; — 3. Il fit jeter en fonte quatre *anneaux d'or* qu'il mit aux quatre coins de l'arche, deux d'un côté et deux de l'autre ; — 4. Il fit aussi des bâtons de bois de Sétim qu'il couvrit *d'or* ; — 5. Et les fit entrer dans les anneaux qui étaient aux côtés de l'arche pour servir à la porter. » — *La Sainte Bible*, trad. par LEMAISTRE DE SACY.

a eu lieu à cause des opinions contraires émises par les artistes (3); car les uns soutenaient que ladite construction devait se poursuivre plus convenablement à une seule nef et affirmaient qu'elle offrirait ainsi plus de noblesse qu'avec trois nefs. D'autres, au contraire, voulaient poursuivre ladite œuvre avec trois nefs, disant qu'elle offrirait ainsi plus de solidité et de conformité avec la partie commencée qu'avec une seule nef, ajoutant, en outre, que la distance des murs et leur hauteur, ainsi que les vents, les ouragans et la foudre, rendaient douteuse la stabilité d'un édifice d'une seule nef. De telles affirmations et une pareille divergence d'opinions nécessitaient une enquête et, dans le but d'éclairer la controverse et de faciliter l'expression des sentiments de chacun, ledit seigneur évêque et ledit chapitre convoquèrent, dans la ville de Girone, les artistes les plus habiles, constructeurs appelés des diverses parties du royaume (4) et même de l'étranger, desquels les noms sont relatés plus loin; et là, après plusieurs réunions devant ledit seigneur Évêque et ledit chapitre, et d'autres particulières entre les artistes, réunions concernant ladite construction, la partie commencée et la décision à prendre pour son achèvement, furent énoncées les raisons formulées aux paragraphes suivants.

II

INTERROGATOIRE.

Au nom de Dieu, notre Seigneur, et de la Vierge, notre Dame Sainte Marie, doivent être interrogés les maîtres-ès-œuvres et les

---

(3) Le texte latin porte *artifices* qu'il est impossible de traduire ici par *ouvriers*, *artisans*, d'autant plus que, plus loin, sous le titre de *artifices peritissimi*, nous voyons désignés les douze *maître-ès-œuvres*, architectes, sculpteurs, constructeurs, tailleurs de pierre, cités dans notre première partie, et dont, ci-après, nous reprodusions les dépositions.

(4) Il s'agit ici du royaume d'Aragon. (*Voir* nº 3, p. 10.)

tailleurs de pierres, appelés par la direction de l'œuvre de la cathédrale de Girone, sur les questions suivantes :

1° Si la construction de ladite église cathédrale, commencée
anciennement à une seule nef et depuis modifiée, se peut achever
sur le plan primitif avec certitude de solidité et sans aucun risque ;

2° En supposant que ladite construction ne se puisse continuer
avec sécurité à une seule nef, ou que l'on ne veuille pas la continuer ainsi ; si la construction avec trois nefs, suivie alors, serait
convenable et suffisante, et telle que l'on dût l'appliquer ; ou, au
contraire, s'il faut cesser toute construction et modifier le plan, et,
dans ce cas, quel autre plan faudrait-il suivre, et le bien spécifier de
façon à éviter toute nouvelle erreur ;

3° Quelle forme faut-il donner à ladite construction pour qu'elle
soit la plus convenable et la mieux proportionnée à la partie de
ladite église déjà achevée.

Les maîtres-ès-œuvres et les tailleurs de pierres, avant d'être
interrogés sur ces articles, ont à prêter serment, et, après leurs
déclarations, le seigneur évêque de Girone et l'honorable chapitre
choisiront deux desdits maîtres, qui feront un plan ou dessin suivant lequel se devra continuer la construction, et le secrétaire du
chapitre devra développer le tout dans un contrat solennel passé
par-devant notaire et témoins (5).

III.

*Successivement lesdits maîtres et tailleurs de pierre, chacun sépa-
rément et après avoir prêté le même serment, donnèrent leur avis*

---

(5) Comme on le voit dans tout ce document, l'Aragon qui comptait la cité de Girone au
nombre de ses villes importantes était, au commencement du quinzième siècle, un pays
possédant déjà de certaines habitudes administratives indiquant une forte organisation
gouvernementale.

*sur les questions proposées aux jour, mois et année indiqués plus bas
et sous la forme suivante. Le jeudi, vingt-troisième jour de janvier
de l'an quatorze cent seize de la nativité de notre Seigneur, en présence des vénérables hommes Arnaldo de Gurbo et Jean de Pontonibus, chanoines, et de Pierre de Boscho, prêtre du chapitre de ladite
église de Girone, délégués par le revérend évêque élu et par le chapitre de Girone pour interroger lesdits maîtres et tailleurs de pierre
désignés ci-dessous et enregistrer leurs réponses aux articles déjà
mentionnés, cesdits maîtres et tailleurs de pierre prêtèrent serment
et déposèrent, chacun ainsi qu'il est dit à son paragraphe.*

IV.

*Pascasio de Julbe, tailleur de pierres et maître de l'œuvre de la
cathédrale de Tortose, interrogé, après avoir prêté le serment accoutumé, sur lesdits articles, dit :*

1º Que, selon sa science et sa conscience, il est certain que l'œuvre
de la cathédrale de Girone, comme elle avait été commencée
anciennement à une seule nef, offre sûreté, beauté et sécurité, et
que les piliers et socles de cette antique construction, déjà faits,
sont suffisants, ainsi que le seront les autres piliers si on les construit de même, pour soutenir la voûte de ladite œuvre à une seule
nef ;

2º En supposant que l'œuvre ne se poursuive pas à une seule nef,
il est certain que celle de trois nefs, déjà commencée, est bonne et
stable. Cependant, en cas d'achèvement de l'église à trois nefs il dit
qu'il sera nécessaire de découvrir et de démolir la voûte qui couvre
le chœur au-dessus de l'autel de ladite église, pour l'élever de huit
palmes (6) (un peu plus ou un peu moins) au-dessus de celle actuelle

____

(6) *Un mètre soixante centimètres.*

et faire correspondre ainsi la hauteur de cette voûte au tiers de la hauteur totale (7);

3° Que l'œuvre de trois nefs est plus convenable et mieux proportionnée au chevet de l'église que celle d'une seule nef.

Interrogé : Si, dans le cas de l'église à trois nefs, le pilier du jubé correspondant à celui du chœur et qui recevrait la corniche ou chapiteau dont s'échapperaient les arcs des voûtes, pourrait sans péril être évidé à l'intérieur (8), il dit qu'il n'y a aucun péril à le faire ainsi.

V

Juan de Julbe, tailleur de pierres, fils dudit Pascasio de Julbe, dirigeant pour son père les travaux de la cathédrale de Tortose, interrogé, après avoir prêté le serment accoutumé, sur lesdits articles, déposa ainsi qu'il suit, et dit :

1° Que l'œuvre d'une seule nef anciennement commencée se peut continuer ainsi et sera bonne, stable et n'offrira aucun péril, pourvu que les arcs soient en *tiers-point* (9), et que l'arc principal du chœur soit renforcé (10). Que les travées faites de l'œuvre antique, situées dans sa partie méridionale, se peuvent conserver et sont bonnes, solides et suffisantes à porter la voûte, ainsi que le seront celles que l'on ajoutera si on les construit de même que les premières;

(7) Il est curieux de rencontrer dans cette déposition une tentative de règles à imposer à l'architecture ogivale.

(8) Réponse intéressante au point de vue de la science de construction atteinte par les architectes du moyen âge.

(9) Nous rappellerons, pour quelques-uns de nos lecteurs qui seraient peu versés dans la connaissance des termes d'architecture, que l'*arc en tiers-point* est l'arc dit *ogival* dont les lignes droites, joignant les points de naissance et celui du sommet entre eux, forment un triangle équilatéral.

(10) Cet arc, dit aussi *arc triomphal*, est celui qui sert d'entrée au chœur et le sépare de la nef ou de la croisée formée par la nef et le transept.

2° Que si l'oeuvre ne doit pas se poursuivre à une seule nef; elle se peut continuer à trois et, dans ce cas, sera plus belle, plus imposante et de meilleur effet que celle actuelle; mais qu'il faut alors la raccorder avec le chevet de l'église, et il ajoute qu'il faut démolir la nouvelle voûte contiguë à ce chevet, parce qu'elle se raccorde mal avec lui et est bâtarde de proportions;

3° Que l'église construite ainsi à trois nefs est plus convenable et mieux proportionnée au chevet de l'église.

Interrogé : Si, dans le cas de l'église à trois nefs, etc. (11), il dit qu'il n'y a aucun péril avec des arcs bien construits en tiers-point, afin d'éviter la poussée des voûtes.

VI

Pedro de Vallfagona, tailleur de pierres et maître des travaux de l'église de Tarragone, interrogé, après avoir prêté le serment accoutumé, sur lesdits articles, déposa ainsi qu'il suit, et dit :

1° (Voir la déposition de Pascasio de Julbe, p. 22.) Mais il ajoute que les constructions destinées à porter le clocher se doivent plus renforcer que celles déjà construites dans le côté méridional;

2° Que, au cas où on renoncerait à construire l'église à une seule nef, la forme de trois nefs est convenable et mérite d'être choisie, à condition de démolir la nouvelle voûte y compris les chapiteaux et naissances; cependant, si sur l'arc principal s'élevait un second arc, il ne serait pas nécessaire de modifier ces naissances et chapiteaux, et les arcs de la nouvelle voûte, ainsi surélevés, pourraient s'entrecroiser en partant de leurs naissances actuelles (12); ce qui donnerait

---

(11) La question est la même que celle faite ci-dessus à Pascasio de Julbe, p. 23.

(12) Nous trouvons dans le texte espagnol le mot *cruceria*, qui exprime cet entre-croisement des arcs du transept et qui, seul, est souvent employé en espagnol pour exprimer *l'architecture gothique.*

au-dessus de l'arc principal actuel du choeur une claire-voie de
quinze à seize palmes de haut (13), adjonction des plus notables. Il
dit de plus que les naissances des arcs qui s'élèvent aux angles
nord et sud doivent être démolies et reconstruites en prévision de
la construction de l'église à trois nefs;

3º Même réponse que les précédents.

Interrogé : (Même question que celle faite aux précédents et
même réponse que celle faite par Pascasio de Julbe, p. 23.)

VII

*Ensuite, le vendredi vingt-quatrième jour desdits mois et année,
par devant moi, Bernardo de Solerio, notaire soussigné, et en présence
desdits vénérables hommes Arnaldo de Gurbo, Jean de Pontonibus et
Pierre de Boocho, lesdits maîtres et tailleurs de pierres suivants
prêtèrent le même serment et firent les dépositions qui suivent.*

VIII

*Guillermo de la Mota, tailleur de pierres, associé à Pedro de
Vallfagona dans les travaux de la cathédrale de Tarragone, dit :*

1º Que, suivant lui, la construction de l'église commencée à une
seule nef, se peut mener à bien et que la croisée en sera solide;
cependant que, dans les constructions anciennes, et surtout dans
celles considérables, comme serait l'église à une seule nef, il peut
arriver des lézardes par suite de tremblements de terre ou de grands
ouragans, et que, pour ces raisons, il craint que l'église à une seule
nef ne soit peu durable.

(13) *Trois mètres ou trois mètres vingt centimètres.*

2° Qu'en revanche, celle à trois nefs est bonne et convenable et mérite d'être adoptée, à condition de démolir la voûte construite nouvellement sur la croisée et que les naissances de ses arcs soient disposées pour recevoir des arcs ayant de quatorze à quinze palmes de plus en hauteur (14). Que de plus il faut araser les naissances des arcs tournés vers le nord et le midi, afin de les mettre en rapport avec la nouvelle construction à trois nefs.

3° Même réponse que les précédents.

Interrogé : (Même question que celle faite aux précédents et même réponse que celle faite par Pascasio de Julbe, p. 23.)

IX

Bartholomé de Gual, tailleur de pierres et maître des travaux de la cathédrale de Barcelone, dit :

1° Que les piliers et socles de l'œuvre commencée à une seule nef sont assez forts, en construisant, sous les chapiteaux et à la hauteur d'une canne (15) sous les fenêtres, un mur où prenne naissance la voûte qui repose actuellement sur ces piliers. Néanmoins il doute de la solidité de la voûte dans la construction à une nef et il craint qu'elle ne puisse résister aux tremblements de terre, aux ouragans et aux autres causes de ruine qui pourraient survenir.

2° Que la construction à trois nefs est bonne, convenable, et qu'elle mérite de se poursuivre; conseillant comme Guillermo de la Mota (voir plus haut, § VIII), de démolir la voûte nouvellement construite pour la surélever afin de donner à l'église plus de beauté et de noblesse.

3° Même réponse que les précédents.

(14) *Environ trois mètres.*

(15) *Un peu plus de cinquante centimètres.*

Interrogé : Même question que celle faite aux précédents et même réponse que Pascasio de Julbe, p. 23; cependant il conseille de donner plus de saillie aux chapiteaux des piliers recevant les naissances des voûtes, afin d'éviter d'augmenter la masse de ces piliers.

X

Antonio Canet, sculpteur de Barcelone et maître architecte de la cathédrale d'Urgel, dit :

1° Que, selon sa science et sa conscience, la cathédrale, autrefois commencée à une seule nef, peut se continuer ainsi et sera d'une construction bonne, solide et assurée, et que les parties déjà construites sont suffisantes pour soutenir la voûte et offrent tout ce que nécessitera l'achèvement de l'oeuvre.

2° Qu'en revanche, la forme de trois nefs, déjà commencée, quoique bonne et heureuse de proportions, n'offre pas tant de noblesse que celle d'une nef (16), et que si l'on continue l'église à trois nefs, il sera nécessaire de démolir la voûte de la seconde travée de la nef du milieu et les chapiteaux y attenant et de surélever ces derniers de huit ou dix assises, afin qu'ils puissent se raccorder avec le pilier primitif du jubé, etc. Qu'en outre, dans ce cas, une claire-voie (voir plus haut, § VI) devrait être établie afin de conserver de la clarté à la grande nef. Qu'au contraire, si l'on ne tient compte de ces modifications et que l'on poursuive la construction comme est commencée la seconde travée de la grande nef, l'église sera très-obscure.

(16) Il est curieux de voir un artiste du moyen âge préconiser, dans la construction d'une église chrétienne, l'unité qui fut une des plus grandes causes de beauté des temples antiques.

3º Que l'oeuvre d'une seule nef sera beaucoup plus convenable et mieux proportionnée au chevet de l'église déjà construit et achevé, que celle de trois nefs pour laquelle ledit chevet se trouve trop bas de proportions. Et que l'oeuvre d'une seule nef se soldera avec un tiers ou même moins de la dépense qu'entraînerait celle de trois nefs; que les appuis de fenêtres déjà faits et fort beaux pourront être conservés; qu'enfin, sans aucune comparaison, l'église sera beaucoup plus claire.

XI

Guillermo Abiell, tailleur de pierres et maître des travaux des églises de Nuestra Señora del Pino, de Santa-Maria de Monte-Carmelo, de Monte-Sion, de Santiago et de l'Hôpital de Santa-Cruz de Barcelone, dit :

1º Même réponse que celle faite par Pascasio de Julbe, p. 22.

2º Que la construction de l'église à trois nefs sera bonne, belle et plus solide que l'autre à une seule nef, ce qui doit la faire préférer. Mais qu'il faut (voir plus haut, § VI, p. 24) araser au-dessus des naissances la voûte de la seconde travée de la nef et établir une belle claire-voie au-dessus de l'arc principal (17) : qu'ainsi l'église à trois nefs sera beaucoup plus belle.

3º Que, sans aucun doute, cette disposition de trois nefs est plus convenable et mieux en rapport avec le chevet de l'église déjà construit; car, si l'église n'avait qu'une seule nef, cette dernière serait si large qu'elle ferait grandement disparate avec le chevet.

(17) Il y a lieu de remarquer cette presque unanimité de dépositions demandant dans le cas de l'église à trois nefs, non seulement qu'il soit donné une plus grande hauteur à la nef principale, mais encore qu'il soit établi une *claire-voie* qui aurait été d'un heureux effet et qui eût ajouté de la clarté à la grande nef que, on ne peut le nier, des basses nefs eussent rendue obscure.

XII

Arnaldo de Valleras, tailleur de pierres et maître des travaux de l'église de Minorque, dit :

1° Que l'Église commencée à une seule nef se peut bien continuer sur le même plan, et que la construction en sera bonne, solide et assurée contre tout danger; que les piliers qui soutiennent la partie déjà faite et ceux qui doivent se raccorder avec eux sont bons et suffisants pour cette construction à une seule nef; que, même s'ils étaient de moindre dimension, ils seraient encore suffisants comme solidité : l'auteur de cette déposition affirmant qu'il dirige actuellement la construction de l'*Église de Manresa* (18) qui est plus élevée que celle de Girone et qui cependant a des piliers, non-seulement moins grands et moins forts, mais encore de pierre moins résistante. Il est vrai, dit-il, que la pierre de Manresa est plus facile à agréger avec le mortier que celle de Girone, et que s'il eût été chargé de la construction de l'Église de cette dernière ville, il aurait employé pour la voûte une autre pierre plus légère et recevant mieux le mortier que la pierre employée; cependant la construction de la croisée, de l'arc principal et des parties qui se

(18) Manresa est une ville importante de la province actuelle de Barcelone, et qui fait remonter jusqu'aux Romains un de ses deux beaux ponts de pierre élevés sur le Cardoner. Elle est construite en amphithéâtre sur une colline et dominée par sa vieille église, érigée sous le vocable de *Santa Maria de la Seo* et à laquelle fait allusion Arnaldo de Valleras dans sa déposition.

Cet édifice a malheureusement été plusieurs fois remanié, et sur des parties anciennes, remarquables de solidité, on a construit une tour carrée avec dôme d'une hauteur égale à celle de l'église.

Nous ajouterons que le district de Manresa et celui de Girone sont particulièrement riches en calcaires propres à bâtir, en carrières de marbre et en pouzzolane. L'Exposition de 1867 nous a permis de juger, à Paris, de ces différents produits, réunis avec grand soin par les ingénieurs des mines espagnols, et des échantillons, mis à notre disposition par S. Exc. M. LE MARQUIS DE BEDMAR, président de la *Commission royale d'Espagne*, ont été adressés par nous au *Musée des Études de l'Association polytechnique* de Paris.

raccordent avec celles déjà faites se peut continuer en pierre de Girone.

2º Même réponse que celle faite par Pedro de Vallfagona, p. 24, avec cette seule différence dans la hauteur de la claire-voie que Arnaldo de Valleras demande être de vingt palmes (19).

3º Que la construction de l'Église à trois nefs, comme on l'indique, est sans comparaison plus en rapport de proportions avec le chevet de l'Église qui est déjà fait et qui, dans le cas de l'achèvement de l'Eglise à une seule nef, paraîtrait tellement petit et difforme qu'il faudrait l'agrandir et l'exhausser.

Interrogé sur le danger qu'il y a à évider à l'intérieur les piliers recevant les arcs des voûtes, il répond qu'il n'y en a aucun et que l'on peut continuer à le faire sans risque. Qu'enfin il est prêt à venir diriger la construction de l'Église de Girone s'il en obtient la permission de la ville de Manresa, avec laquelle il est lié pour la construction de son Église (20).

XIII

Antonio Antigoni, directeur des travaux de l'Église de Castellon de Empurias, dit :

1º Même réponse que celle faite par Antonio Canet, p. 27.

Interrogé sur le péril que courrait l'Église à une seule nef en cas d'ouragans et de tremblements de terre, il répond qu'elle n'en courrait aucun.

(19) *Environ quatre mètres.*

(20) Il est difficile de ne pas remarquer toute l'importance de cette déposition au point de vue de la construction; mais il est pénible d'avoir à constater la facilité avec laquelle Arnaldo de Valleras semble briguer la succession (non encore ouverte cependant) de Guillermo Boffiy, en se mettant à la disposition du chapitre de la cathédrale de Girone pour achever la construction de son église.

2° Que si, dans la suite, on construit l'Église avec trois nefs, ce sera moins convenable, et qu'il ne sera pas possible d'en raccorder heureusement le plan ni de conserver les dimensions adoptées. Mais qu'il faut ajouter cependant que, si l'on surélève de quatorze ou quinze palmes (21) la voûte déjà construite sur la croisée, cette disposition atténuera en partie l'inconvénient que présenterait la construction de l'Église à trois nefs. Il dit en outre que l'Église, sur ce dernier plan, ne passera jamais pour belle ni bien proportionnée.

3° Qu'enfin, sans aucune comparaison, l'Église d'une seule nef sera toujours plus belle, plus harmonieuse d'ensemble et mieux proportionnée au chevet actuel que l'Église à trois nefs; car cette dernière ne pourra jamais offrir, dans ses dispositions, la même convenance et le même bon goût.

Interrogé : (Même question que celle faite aux précédents et même réponse que celle faite par Pascasio de Julbe, p. 23.)

XIV

Guillermo Sagrera, maître des travaux de l'Église San-Juan de Perpignan, dit :

1° Même réponse que celle faite par Antonio Canet, p. 27.

Interrogé : Même question que celle faite à Antonio Antigoni et même réponse. (Voir plus haut, § XIII, p. 30).

2° Que la construction de l'Église entreprise récemment avec trois nefs, n'est pas bonne et ne mérite pas d'être poursuivie; mais que, au contraire, il faut la cessser : cependant, dans le cas où on la continuerait, il faudrait premièrement démolir la voûte de la seconde travée de la nef et en araser les naissances à la hauteur des

(21) *Environ trois mètres.*

chapiteaux; secondement, araser de même les naissances des autres arcs à la même hauteur, afin de donner quinze palmes (22) de plus en hauteur à ces arcs, et qu'avec tout cela l'ensemble de l'Église ne paraîtra jamais uniforme et semblera toujours petit et mesquin.

Guillermo Sagrera énumère ensuite d'autres inconvénients graves résultant de la construction à trois nefs; ainsi la galerie du triforium ne pourrait subsister telle qu'elle est, ni les appuis des fenêtres demeurer en leur place actuelle; aussi, pour ces raisons et pour une foule d'autres, il conclut à l'abandon de la construction à trois nefs qui, répète-t-il, ne serait jamais ni bonne ni profitable d'aucune façon.

3° Même réponse que celle faite par Antonio Antigoni, p. 31.

XV

Joan de Guingamps, architecte venu de la cité de Narbonne, dit :

1° Même réponse que celle faite par Antonio Canet, p. 27.

2° Que l'oeuvre de trois nefs, comme on l'a commencée dernièrement, ne se peut poursuivre, n'offrant aucune ressemblance ni aucune harmonie avec le chevet actuel.

3° Que, sans comparaison aucune, l'oeuvre d'une nef est plus convenable et mieux proportionnée au chevet de l'Eglise que ne le serait celle de trois nefs, et cela pour beaucoup de raisons.

Joan de Guingamps ne diffère guère ici d'opinion avec presque tous ses collègues; cependant il semble attacher encore plus d'importance qu'eux à l'établissement de la claire-voie destinée à éclairer la grande nef et qu'il veut composée de trois roses, dont une grande au milieu et les deux plus petites à droite et à gauche.

(22) *Environ trois mètres.*

Interrogé : (Même question que celle faite aux précédents et même réponse que celle faite par Pascasio de Julbe, p. 23.)

XVI

Ensuite, le lundi vingt-huitième jour du mois de septembre de l'an quatorze cent seize de la Nativité de notre Seigneur, à la requête du dit vénérable homme Pierre de Boscho, chargé cette année-là de suivre la construction de ladite Église de Girone avec le vénérable homme François de Sacalanus, chanoine de ladite Église, tous deux élus pour y donner leurs soins et députés dans ce sens auprès de la Trésorerie de ladite Église ; pardevant lesdits, le révérend père en Jésus-Christ, Don Dalmacius, seigneur évêque de Girone, et l'honorable chapitre de cette même Église, réunis suivant la coutume, et, la séance ayant été ouverte au tintement de la sonnette (23): j'ai, moi, Bernardo de Solerio, notaire, donné lecture, à haute et intelligible voix, desdits articles et desdites dépositions, ainsi que des dires des différents maîtres consultés plus haut.

Et, ces documents lus au seigneur évêque et aux membres du chapitre (24), ceux-ci, afin de prendre une décision et de conclure

(23) Bernardo de Solerio, comme on le voit, ne néglige aucun détail de cette curieuse enquête ; malheureusement, son latin est diffus comme celui du clergé et de la justice à son époque, et la traduction en castillan des dires qu'il avait recueillis en limousin laisse beaucoup à désirer au point de vue de la clarté

(24) Étaient présents, comme membres du chapitre : DON DALMACIUS, *évêque*, et les honorables hommes DALMACIUS DE ROSETO, *docteur en théologie*; DE SILVA, *archidiacre*; ARNALDO DE GURBO, JEAN DE PONTONIBUS, GUILLERMO DE BROUGAROLIS, *deuxième sacristain*; JEAN DE BOSCHO, *trésorier*; JEAN GABRIEL DE PAVIA, PIERRE DE BOSCHO, GUILLERMO MARINIERIUS, PIERRE SALA, FRANÇOIS MATHEUS et BARTHOLOMEO VIVES, *prêtres du chapitre.*

au milieu de ces différentes opinions exprimées sur la construction à une ou à trois nefs de ladite Église de Girone, retinrent près d'eux, pour en délibérer, les discrètes personnes François Tavernier et Pierre Puig, prêtres bénéficiaires de ladite Église.

XVII

Enfin, le lundi huitième jour du mois de mars de l'an quatorze cent dix-sept de la Nativité de notre Seigneur, un autre maître et tailleur de pierres, ci-dessous désigné (25), prêta serment et fit la déposition ci-dessous transcrite, pardevant moi Bernardo de Solerio, notaire soussigné, et en présence desdits vénérables hommes, Arnaldo de Gurbo chanoine et Guillermo Marinierius prêtre du chapitre de ladite Église de Girone, députés à cet effet par le révérend évêque Don Dalmacius et l'honorable chapitre de Girone.

XVIII

Guillermo Boffiy, directeur des travaux de la cathédrale de Girone, interrogé, après avoir prêté le serment accoutumé, sur lesdits articles, dit : (26)

(25) Ce nouvel artiste consulté n'est autre, comme on le verra plus bas, § XVIII, que GUILLERMO BOFFIY, le premier directeur des travaux de la cathédrale de Girone.

(26) Nous croyons devoir donner *in extenso* la déposition de cet article, quoiqu'elle ressemble, sur beaucoup de points, à quelques-unes des précédentes ; parce que l'appel tardif qui fut fait aux lumières de GUILLERMO BOFFIY et le langage sobre et mesuré avec lequel il intervient dans ce débat, où son honneur d'artiste était engagé, nous paraissent donner un intérêt exceptionnel à cette déposition qui influa puissamment sur la décision prise par l'évêque et le chapitre de Girone.

1° Que la construction anciennement commencée à une seule nef de l'Église de Girone, se peut fort bien continuer et achever sur ce plan, et que, achevée ainsi, elle sera solide et ne courra aucun risque; que, de plus, les piliers déjà faits et ceux qui se raccorderont avec eux (si on les construit de même) sont et seront suffisants pour soutenir toute l'oeuvre de ladite Église à une nef. Il est vrai, ajoute t il, que ces piliers, même s'iis étaient de moindre épaisseur, seraient suffisants pour supporter la construction de l'Église à une seule nef; mais qu'ayant en hauteur un tiers de plus qu'il ne serait nécessaire, c'est pour cela qu'ils sont plus forts, afin de ne faire courir aucun risque à la solidité de l'édifice.

2° Que la construction de ladite Église à trois nefs ne peut supporter la comparaison avec celle à une seule nef, parce que l'Église construite à trois nefs offrirait de grandes causes de difformité et ne vaudrait jamais comme aspect celle d'une seule nef.

3° Que, sans comparaison, l'Église d'une seule nef se raccorde mieux avec le chevet déjà entièrement construit que i'Église à trois nefs. Et qu'enfin l'Église, terminée à une seule nef, offrira de très-grandes fenétres avec de belles verrières qui seront une des beautés les plus notables de cet édifice.

XIX

Après que tout ce qui précède eût été accompli, le lundi quinzième jour dudit mois de mars de l'an quatorze cent dix-sept de la nativité de notre Seigneur, à l'issue de la messe célébrée solennellement dans ladite Église de Girone en l'honneur de la sainte et glorieuse Vierge Marie, se réunirent en conseil, dans la maison de la Trésorerie de l'Église et sur la convocation dudit seigneur évêque et révérend père en *Jésus-Christ Don Dalmacius, les honorables membres composant le chapitre de Girone* (27), *et, suivant la coutume, la séance fut ouverte au troisième tintement de sonnette.*

Après qu'eurent été rappelées les dépositions des maîtres mentionnés plus haut, la délibération porta uniquement sur l'opportunité qu'il y aurait d'achever A UNE SEULE NEF LA REMARQUABLE ŒUVRE ANTIQUE DE LA CATHÉDRALE DE GIRONE, *et ce, à cause des raisons qui suivent:*

1° IL RÉSULTE CLAIREMENT DES DIRES DE TOUS LES MAÎTRES CONSULTÉS, QUE SI LA CONSTRUCTION DE L'ÉGLISE ÉTAIT CONTINUÉE A TROIS NEFS, IL Y AURAIT UN GRAND MANQUE D'HARMONIE ENTRE LE CHEVET ET LA NEF ET QU'IL FAUDRAIT DÉMOLIR UNE PARTIE DES DERNIERS TRAVAUX EXÉCUTÉS;

2° QUE TOUS LES MAÎTRES CONSULTÉS, A L'EXCEPTION D'UN SEUL, SONT D'ACCORD POUR RECONNAÎTRE QUE LA CATHÉDRALE DE GIRONE ACHEVÉE AVEC UNE SEULE NEF SERA UN ÉDIFICE SOLIDE, STABLE, D'UNE CONSERVATION ASSURÉE, ET QUE NI OURAGANS, NI TREMBLEMENTS DE TERRE NE LE POURRONT ÉBRANLER;

3° QU'IL RÉSULTE DES DIRES DE PRESQUE TOUS LES MAÎTRES CONSULTÉS QUE, AVEC UNE SEULE NEF, CETTE ÉGLISE OFFRIRA UN ASPECT MIEUX PROPORTIONNÉ, PLUS REMARQUABLE ET EMPREINT D'UNE PLUS GRANDE SOLENNITÉ;

(27) Étaient présents : *le révérend évêque* DON DALMACIUS et les honorables hommes DALMACIUS DE RASETO, *docteur en théologie;* DE SILVA, *archidiacre,* etc. (voir note 24, p. 33).

4° QU'IL BRILLERA D'UNE PLUS GRANDE CLARTÉ, CE QUI EST NON-
SEULEMENT AGRÉABLE A LA VUE, MAIS ENCORE DÉSIRABLE A PLUS
D'UN TITRE ;

5° QU'ENFIN, EN TERMINANT L'ÉGLISE A UNE SEULE NEF, ON ÉVITERA
UN GRAND EXCÉDANT DE DÉPENSES NECÉSSITÉES PAR L'ADJONCTION DE
NEFS LATÉRALES ET L'ŒUVRE ENTIÈRE POURRA ÊTRE ACHEVÉE EN UN
ESPACE DE TEMPS BEAUCOUP MOINDRE.

Et, ces raisons entendues, le révérend évêque et l'honorable
chapitre de Girone décidèrent que, autant qu'il plairait à Dieu,
ILS POURSUIVRAIENT JUSQU'A ENTIER ACHÈVEMENT LA CONSTRUC-
TION DE LA CATHÉDRALE A UNE SEULE NEF.

*Et telles furent les intentions émises par le seigneur évêque et
l'honorable chapitre de Girone, par devant moi, Bernardo de Solerio,
notaire soussigné, et les vénérables hommes Antonio Quintani sacristain, Bernardo Guixar et Guillermo de Santa Fide, chanoines
bénéficiaires de l'Église collégiale de Saint-Félix de Girone, et les
discrètes personnes Pierre d'Olivaria, clavier (28) de ladite Église,
François de Cursus, Guillermo de Costa, Dalmacius Riba, Guillermo Capella, Joan Sala, Pontius Requesen et Bernardo de
Busquetis, bénéficiaires de ladite Église.*

---

(28) Les établissements ecclésiastiques et les universités avaient des *claviers* chargés,
avec l'évêque ou le recteur, de la garde de certaines clefs ouvrant le trésor, les
archives, etc.

Bernardo de Solerio ajoute que, de ces différents actes et dépositions, le Seigneur évêque et les honorables membres du chapitre
de Girone, ainsi que les personnes mentionnées dans ces actes, vou-
lurent en avoir copie après qu'ils eurent été duement établis et
reconnus par Joannes Scuderius, notaire public du ressort de
l'autorité royale et substitué à Bernardo de Campolongo, bailli et
vicaire pour le roi de la cité de Girone.

III

AUTRES JUNTES SEMBLABLES TENUES EN ESPAGNE.

L'ouvrage de Bermudez, auquel nous avons emprunté la plus grande partie des documents qui précèdent, nous fournit quelques autres exemples fort curieux de juntes semblables, réunies à l'occasion de la construction d'importants édifices, et nous citons ici les trois plus importants.

Le 22 février 1523, trois architectes, JUAN DE RASINAS, HENRIQUE DE EGAS et VASCO DE LA ZARZA, furent appelés, par le chapitre de Salamanque, à visiter les travaux de la *Cathédrale de Salamanque* dont JUAN GIL DE HONTANON dirigeait la construction, et à donner leur avis sur ces travaux (1).

Vers la fin du seizième siècle, trois architectes, JUAN DE CASTILLE, JOSEF TANILLA et JUAN MODET donnèrent, à la requête de la Municipalité de Selva, leur avis sur quelques accidents de construction qui se produisirent dans l'Église de cette ville (2).

(1) BERMUDEZ, t. I, doc. XXXI, p. 282. — Un autre document (XXXII, t. I, p. 287) nous fait connaître un avis donné, sur le même sujet, au chapitre de Salamanque, par ALONZO RODRIGUEZ et ANTON EGAS, dès le 2 mai 1510, et un troisième document (XXXV, t. I, p. 293) contient les déclarations données, le 3 septembre 1512, toujours sur le même sujet, par ANTON EGAS, JUAN GIL DE HONTANON, JUAN DE BADAJOZ, JUAN DE ALAVA, JUAN DE OROZCO, ALONZO DE COVARRUBIAS, JUAN TORNERO, RODRIGO DE SARAVIA et JUAN CAMPERO.

(2) BERMUDEZ, t. III, doc. IX, 2, p. 230. — La première pierre de cette église, suivant le n° 1 du document cité, avait été posée le 10 novembre 1582, et son architecte, PEDRO BLAY, avait dû se conformer au plan que lui traça JAIME AMIGO, recteur de Tibiza.

Enfin, en 1694, lors de la construction de l'*Église Collégiale du Saint-Sauveur*, à *Séville*, furent appelés à donner leur avis : Alonzo Gonzalez, Diego yo Francisco Gomez, Antonio Rodriguez, Antonio de Escudero Fernandez, Diego yo Pedro Romero, et, outre cette première commission, une seconde fut formée, le 13 septembre de cette même année et pour le même sujet, de Diego Moreno Melendez, Alonzo Gonzalez, Pedro Romero et Francisco Gomez (3).

(3) Bermudez, t. IV, doc. IX, 1 à 8.

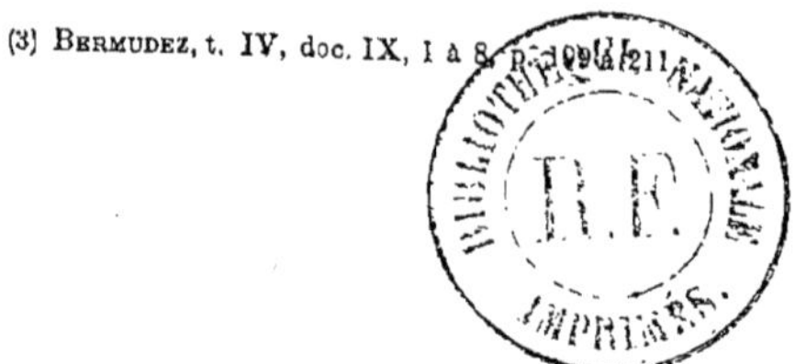

TABLE DES MATIÈRES

OUVRAGES DE M. CH. LUCAS, ARCHITECTE.

Souvenirs d'Amiens (1ʳᵉ et 2ᵉ séries). — *Études littéraires et archéologiques*, faites dans cette ville, à l'occasion de la xxxiiiᵉ session du Congrès scientifique de France (Juin 1867).

Mélanges littéraires et artistiques (1ʳᵉ, 2ᵉ, 3ᵉ, 4ᵉ et 5ᵉ séries). — Paris, 1867-70.

Lambert Thiboust et Jean Frédéric Dübner, étude sur leurs tombeaux. — Paris, 1870. — E. Thorin.

L'Espagne à l'Exposition universelle de 1867. — *Aperçu des nombreux et intéressants envois* de la Direction générale des Travaux publics de Madrid (épuisé). — Traduit en espagnol. — Paris, Madrid, 1867.

Le Danemark à l'Exposition universelle de 1867. — *Aperçu des nombreux et intéressants envois* relatifs à l'*Histoire du Travail en Danemark* (épuisé). — Paris, 1868.

Les Grands Architectes. — Conférences faites dans les sections des *Associations Polytechnique et Philotechnique.* — (Paris, 1867-1870.) — A. Lévy fils.

Souvenirs du Congrès International Archéologique de Bonn (Prusse) (septembre 1868). — A. Lévy fils.

Note sur le Monument des Sources de la Seine. — Paris, 1869. — Firmin Didot, frères.

L'Empereur-Architecte Adrion, étude antique. — Paris, 1869. — E. Thorin.

L'Architecture en Portugal. — Paris, 1870. — E. Thorin.

En cours de publication :

BIOGRAPHIE UNIVERSELLE DES ARCHITECTES CÉLÈBRES

Par feu ALEXANDRE DU BOIS et CHARLES LUCAS (5 volumes in-8°), avec portraits et vues de monuments à l'eau forte. — (1ᵉʳ, 2ᵉ, 3ᵉ et 4ᵉ fascicules parus, livraisons 1 à 16. — E. Thorin.

Sous presse : **La Maison,** conférence familière. — Paris, Amiens, 1869-71. — E. Thorin.

Essai sur les Temples ronds et les Églises circulaires en Angleterre, suivi de *Quelques Églises en l'honneur du Saint-Sépulcre.* — Paris, Amiens, 1871 — E. Thorin. (Extrait de la de Revue *l'Art chrétien*)

BIOGRAPHIE UNIVERSELLE DES ARCHITECTES CÉLÈBRES

Par feu Alexandre DU BOIS, architecte du Gouvernement, et Charles LUCAS ✠, ✠, architecte, avec la collaboration de nombreux architectes français et étrangers.

Ouvrage honoré des souscriptions de la *Société centrale des Architectes de France*, de la *Société académique d'Architecture de Lyon*, de l'*Assemblée nationale*, de la *Préfecture de la Seine*, de l'*Institut royal des Architectes britanniques*, des *Académies des Beaux-Arts de Madrid et de Lisbonne*, de la *Société pour la propagation de l'Architecture dans les Pays-Bas*, etc., etc.

La Biographie universelle des Architectes célèbres (gr. in-8° jésus), qui comprendra *cinq* volumes chacun de *vingt-cinq à trente* livraisons de texte et *quelques planches*, paraît à la fin de chaque trimestre par fascicules d'au moins trois livraisons de texte, avec ou sans planches, et au prix de *dix-huit francs* le volume. Sont parues, dans les quatre premiers fascicules, les biographies suivantes : *Alexandre du Bois* (introduction), *Abadie* (père et fils), *Abati*, *Abric*, *Adam* (les frères), *Adhoniram*, l'*Empereur-Architecte Adrien*, *Agnolo* (Baccio d'), *Agostino* et *Agnolo* (de Sienne), *Ahlert*, *Alavoine*, *Alberti*, *Aldrophe*, *Alessi*, *Allason*, *Alphonse*, *Alvares* (les frères), *Alvarez* (D. Anibal), *Aman*, *Ammanato*, *Ancelet*, etc., et, comme planches, *un frontispice*, le portrait d'*Alberti*, et au-dessous une vignette, le portrait d'*Antoine* avec la vue de *La Monnaie*. — Adresser la souscription, qui devra porter sur l'ouvrage entier, à M. Ernest THORIN, éditeur, 7, rue de Médicis. (Pour l'étranger, le port en sus.)

OUVRAGES DE M. CH. LUCAS, ARCHITECTE.

Souvenirs d'Amiens (1re et 2e séries). — *Études littéraires et archéologiques*, faites dans cette ville, à l'occasion de la xxxiv session du Congrès scientifique de France (Juin 1867).

Mélanges littéraires et artistiques (1re, 2e, 3e, 4e et 5e séries). — Paris, 1867-70.

Lambert Thiboust et Jean-Frédéric Dubner, — étude sur leurs tombeaux. — Paris, 1870. — E. Thorin.

L'Espagne à l'Exposition universelle de 1867. — *Aperçu des nombreux et intéressants envois de la Direction générale des Travaux publics de Madrid (épuisé).* — Traduit en espagnol. — Paris, Madrid, 1867.

Le Danemark à l'Exposition universelle de 1867. — *Aperçu des nombreux et intéressants envois remarqués à l'Exposition... au Danemark (épuisé).* — Paris, 1868.

Les Grands Architectes. — *Conférences faites dans les sections des Associations Polytechnique et Philotechnique.* — 1re et 2e, 1867-1870. — A. Lévy fils.

Souvenirs du Congrès international Archéologique de Bonne (Prusse) (septembre 1868). — A. Lévy fils.

Note sur le Monument des Sources de la Seine. — Paris, 1869. — Firmin Didot, frères.

L'Empereur-Architecte Adrien, étude antique. — Paris, 1869. — E. Thorin.

L'Architecture en Portugal. — Paris, 1870. — E. Thorin.

En cours de publication

BIOGRAPHIE UNIVERSELLE DES ARCHITECTES CÉLÈBRES

Par feu Alexandre du Bois et Charles Lucas (6 volume in-8°, avec portraits et vues de monuments à l'eau-forte. — 1, 2, 3 et 4e fascicules parus, livraisons 1 à 15. — E. Thorin.

Sous presse : La Maison, conférence familière. — Paris, Amiens, 1869-71. — E. Thorin.

Essai sur les Temples ronds et les Églises circulaires de l'Angleterre, suivi de quelques Églises en l'honneur du Saint-Sépulcre. — Paris, Amiens, 1871. — E. Thorin. (Extrait de la *Revue de l'Art chrétien.*)